Ulla Hahn

WIEDERWORTE

Ulla Hahn

WIEDERWORTE

Gedichte

Deutsche Verlags-Anstalt

Die frühen Gedichte stehen auf der linken Seite.

Will you still need me, will you still feed me
when I'm sixty-four?
BEATLES

Es ist Abend um mich geworden,
während ich noch in die Morgenröthe hineinsah.
NOVALIS

Luftwege

Nach Jahrzehnten
          noch einmal gelesen
Gedichte der jungen Schwester*
Ant-Worten geschrieben
Widerworte Wiederworte
Luftwege
zwischen Gestern und Heute
und Morgen

Liebe ist ein Lied mit Strophen

Blinde Flecken

Dass wir so uneins sind hält uns zusammen
du dort ich hier – wir sind auf andrer Fahrt:
Dein Istgewesen mein Eswirdnochkommen
zwei blinde Flecken in der Gegenwart
die uns gehört wie Träume vorm Erwachen
wenn wir schon wissen dass wir Träumer sind
die mit uns spielt ein Weilchen in den Winden
bis jedes hier und dort sich wiederfindt.

Blaue Flecken

Dass wir so uneins sind hält uns zusammen
seit Jahr und Tag. Sing weiter
sagtest du und ich: Sing mit. Und wie
wir sangen! Zweistimmig mal
mal einzeln und zum Ärger unserer Feinde
nur selten trafen wir den falschen Ton. Das Blaue
sangen singen wir vom Himmel uns herunter ein
kussecht himmelblau geflecktes Leben lang.

Wartende

Sie sitzt an einem Tisch für zwei Personen
allein mit diesem wachen starren Blick
schaut sie umher als hätt sie was verloren
und hält sich fest an einem Buch: Ihr Strick

der sie herauszieht aus den Augenpaaren
die nach ihr züngeln mitleidlos und spitz
wie Wellen über ihr zusammenschlagen
sie niederdrücken auf den Plastiksitz

der unter ihren Schenkeln klebt. Sie schwenkt
ihr Glas das Eis schmilzt klirrend schneller
sie selbst wird immer kleiner und versänk

gern als Erfindung in ihr Buch
das sie nun zuschlägt. Ehe sie auftaucht
zahlt und geht. Es ist genug.

Wartend-ende

Ich sitze hier so wie vor dreißig Jahren
an einem Tisch für zwei ein Stuhl ist frei
und frage mich: Was hab ich hier verloren?
Die Zeit der hellen Nächte ist vorbei.

Ich schau mich um. Kaum was hat sich verändert.
Die Stühle noch wie damals unbequem.
Beim alten Kellner mit der Hasenscharte
bestell ich caffè latte seufz und nehm

mein Buch mir wieder vor
versink in seinen liebgelesenen Seiten.
Da plötzlich zupft es mich am linken Ohr

und aus der letzten stillen Zeile unten
springst du herauf und legst
mir einen warmen Sommerabend um die Schultern.

Wir taten uns nichts zuleide

Du hieltest mich fest und fern
von dir ging ich beinah leicht
wir wussten der Abschied war
vor allem Anfang erreicht

Wir taten uns nichts zuleide
jede Liebkosung ein Trost
zärtlich verteiltes Erbarmen
jede Umarmung ließ los.

Los und gelassen

Die schönen Tage von Hannover von Münster und von
Marbach sind vorbei (Hannover war nicht wäre aber
schön gewesen wie die anderen) Nun stehen wir in
Irgendwo beisammen rauchen eine (du, ich nicht) und
seufzen. Oder? Nein wir seufzen nicht wir haben keinen
– besser: haben einen, jeder seinen festen – Grund.
Du bist – ich frage dich: Du bist zufrieden? Ich bin
– du fragst mich – bin zufrieden auch.
Ich nenn dich Irgendwie.
Du rufst: Für mich ein Bier. Es wäre
schön gewesen und das ist es auch. Jetzt hier.

Zusage

Bleib bei mir
damit dir nichts geschieht
meine Atemzüge
dein Wiegenlied

Ich halt dich fest
ich lass dich los
bei mir bist du sicher
in Abrahams Schoß.

Endlosschleife

Unter dem Zauberbaum
unter der linden sing ich
ein schönes Lied
dir unters Auge zwitschert
ein Vogel Riss
in der Landschaft du
fällst in 'n andres Bild
plötzlich von hinten
flattert der Himmel
auf von der Erde lässt
seinen Schnee zurück ach
so viel Winter unter
dem Zauberbaum Krähen
gelächter Reste vom
schönen Lied Scherben
und nun
unter der linden
setz ich zusammen
neu Mich und neu Dich
süßer als Honig Haut
auf dem Milchteich Tang
unterm Zauberbaum schwimmt
weit ins Meer hinein
schreib ich dich aus
meinem Lied in
mein Leben wo
du mir treu

bis zum Anfang
vom Ende
vom Lied unterm Zauber
baum sing ich
ein schönes Lied dir
unters Auge zwitschert
ein Vogel Riss
in der Landschaft du
fällst …
…

Fast

Abend im März. Glückselige Musik
von Amseln und alten Meistern.
Er rief an. Ich hätte ihm fast
die verbotenen Drei Wörter gesagt.

Nicht nur

Abends nicht nur und nicht nur
im März sag ich dir sagst du mir
die glückseligen Vier Silben. Im Kirsch
lorbeer twittern die Amseln.

Anständiges Sonett

Schreib doch mal
ein anständiges Sonett
St. H.

Komm beiß dich fest ich halte nichts
vom Nippen. Dreimal am Anfang küss
mich wo's gut tut. Miss
mich von Mund zu Mund. Mal angesichts

der Augen mir Ringe um
und lass mich springen unter
der Hand in deine. Zeig mir wie's drunter
geht und drüber. Ich schreie ich bin stumm.

Bleib bei mir. Warte. Ich komm wieder
zu mir zu dir dann auch
›ganz wie ein Kehrreim schöner alter Lieder‹.

Verreib die Sonnenkringel auf dem Bauch
mir ein und allemal. Die Lider
halt mir offen. Die Lippen auch.

Ein ständiges Sonett

Du hast dich festgebissen Mann und wie
ich dir so du auch mir hast du's gegeben
(seliger als nehmen?) und gibst es
noch und ich nehm dich

beim Wort und sonstwo
– Wo? – Das bleibt allein
nur unter mir und meinem
Liebsten und auch drüber

geht es so an und ständig und jahr
(r)aus und (r)ein hältst du mich hopp
und ich halt nichts vom Nippen vom

Wippen hin und gegen viel so wie
von allen Seiten genießen wir's und dann
danach die stolzen Müdigkeiten.

Salomes Lied

Schlafe was willst du
mehr zu tun
hast du nicht
nach den Bogensonnenlampen
vergeht nun das Abendlicht.

Bleibe getrost wo
du bist nichts
lässt wie ich dich so los
halt still: ich werfe ihr
deinen Kopf in den Schoß.

Evas Lied

Komm
        nimm den Apfel noch einmal
Adam im weißen Haar
Schmeckt er dir noch wie damals
weißt du noch wie es war:

So viel Mai im August im September
weit in den Oktober hinein
Jetzt stehen wir tief im Dezember
bald beginnt ein neues Jahr

für dich für mich für Unsbeide
Irgendwann
        für einen allein
Komm
        nimm den Apfel noch einmal
Und beiß rein!

Winterlied

Als ich heute von dir ging
fiel der erste Schnee
und es machte sich mein Kopf
einen Reim auf Weh.

Denn es war die Kälte nicht
die die Tränen mir
in die Augen trieb es war
vielmehr Ungereimtes.

Ach da warst du schon zu weit
als ich nach dir rief
und dich fragte wer die Nacht
in deinen Reimen schlief.

Auf Auf

Als ich heute zu dir ging
schmolz der letzte Schnee
und ein Strahl der Sonne
fing sich in meinem Ring

den ich trag seitdem du mich
fragtest ob ich will
und ich sagte: Allezeit!
Starten wir das Spiel.

Heut und morgen übers Jahr
wolln wir uns verstricken
Auf den Reim verzichten wir
Auf zum Frühlings… klardoch.

Schöne Lüge

Dieser Sommer ist eine Schwalbe
aus deinen Briefen.

Dieser Sommer spielt Mozart
vom Kassettenrecorder.

Dieser Sommer ist deine Stimme
am Telefon.

Diesen Sommer verlieg ich
unter Postkartenbäumen.

Diesen Sommer steck ich mir selbst
abends ins Haar eine
Rose.

Fakten

Dieser Sommer ist eine Schwalbe
im Haus unter unserem Dach.

Dieser Sommer spielt Rosen
walzer direkt vom Beet.

Dieser Sommer küsst diese kühle Stadt
wie unsere Körper
so zärtlich matt.

Diesen Sommer steckst du mir sogar
schon am Mittag
Glühwürmchen ins Haar.

(Dieser Sommer kennt jeden Dreh
von zremSch auf zreH)

Hallo Ja

Ach mein Herz will nach
Haus doch wohin
soll es sich wenden?
Am Telefon lässt
der Europaton grüßen an
dauernd und auf der Höhe.
Das Freizeichen reißt
dich nicht los. Lesen
also. Nochmal einen Brief
aus Giumaglio. Alt
wirst du schreibst du. Das
weiß ich: Dir
fallen die Haare aus. Aber
mein Herz mein Herz
saust um dein Haus
rüttelt dass sich die Balken
biegen im Hauch und Flauberts
L'education sentimentale.

Also nochmal. Den
Finger ins Loch. Null
Nulldrei undsoweiter. Komm
nimm den Hörer ab. Lass
deine Hausschlachtung stehn.
Hallo
Hallo. Ja. Nein nichts
Neues. Ich kann nicht
reden. Morgen früh. Aber ja. Schlaf gut.

Danke

Heute beim Aufräumen
nach fast einem halben Jahrhundert:
Deine Briefe.
Lesen also noch einmal
den Brief aus Giumaglio.
Verstummt die Stimme
die flehte: Einzige warte auf mich
Moder die Hand die meiner Haut
aufbrannte ihr Zeichen
Erloschen der Blick der mir schwor
Du nur Du.

Tot alles tot. Leben allein
in den Wörtern: Milder Abglanz
verzweifelter Glut. ›Lass deine Haus
schlachtung stehn‹ schrieb ich.
Verzeih mir. Es war nicht so gemeint.
So wenig wie dein: Du nur Du.
Nicht gelogen aber mit krummen
Lippen gesprochen. Papier ist
geduldig. Langmütig. Gnädig. Die Gräten
in deinen Briefen
machen mich lächeln. Wirklich die Zeit
sie heilt von den dümmsten Geschichten.

Du glaubst gar nicht wie
dankbar ich dir für all deine
ungehaltenen Versprechungen bin.

(Und doch: wie weh sie tat diese Zeit
die sich Liebe nannte Sehnsucht und Telegramm)

Was bleibt

ist die Schweizer Uhr. Du
hast dich nicht lumpen lassen.
Was bleibt sind zwei Handtaschen.
Schallplatten. Ringlein aus Gold.
Viel flehentliches Papier. Zwei Mokkatassen.
Bezahlte Doppelzimmer. Essen und Trinken.
Ein neuer Satz Reifen. Ein Wettermantel
für den Übergang.

Von weitem

Als die Zahlen längst
              Schluss gesagt hatten
nach 388 Tagen 4 Stunden
und 722 Sekunden
all das Herzerwärmende längst
weitergezogen war mit
samt und Traum und Schaum
lungerte in einer Seelenecke
noch lange der Kummer
und konnte bei Gelegenheit
(z. Bsp. wenn einer von weitem
aussah wie du)
ganz gemein zubeißen

Im Märzen

Im Märzen da reiß ich
den Samt vom Himmel der Sonne
mach ich die Laden dicht ich
hack der Krähe ein Auge

aus Amsel Drossel Fink und Star
dreh ich den Hals um dem Krokus
köpf ich die Knospen ich schmeiß
dir mit Veilchen die Fenster

ein jeder sehe wie
ich's treibe wenn
du nicht sofort
die Rösslein einspannst.

Komm lieber M.

Ich breche aus ich breche
um ich breche mich
vom Zaun
könig singt sein
Lied er klingkt
die Tür auf und
steht wieder drin in
mitten Mai
nem ♡en*

Schlaflied

Nachts wenn ich traurig bin
niemand ist hier
Niemand ich frag dich
was willst du bei mir

Tät er dich schicken
wieder einmal
aus seiner Ruinen
Jammertal

Sag ihm ich warte
auf niemandes Glück
bring ihm von meinem
Jammer ein Stück

Bring ihm Feinsliebchen
der Königin Kind
niemand soll wissen
wo niemand mich find.

Wachlied

Nachts wenn
　　　　du deinen Arm
um mich legst
gleitet die Welt zurück
in ihre Fugen
alte Narben verziehen sich
zu einem Lächeln

Und dann
　　　　hebt diese
verrückte wunderbare Welt
auch noch zu singen an
als hätte sie
das Zauberwort*
endlich getroffen

* (Die Ersten googeln schon
　den Eichendorff)

Heller Wahnsinn

Die Liebe ist kein Engelchen mit Flügeln
kein dicker Säugling der mit Pfeilchen schießt
die Liebe ist ein Engel von den vielen
die Gottes Rache aus dem Himmel stieß

als sie wie er sein wollte: schön
und grausam blind und allmächtig nicht
von dieser Welt zeigt sie seither
in immer neuen Bildern das Gesicht

des Würgeengels der nach seiner Peitsche
die Herzen tanzen lässt bis er zuletzt
die Taumelnden Gefallenen zu fällen
den Fuß auf ihre armen Kehlen setzt

und dort verharrt sich auf dem Absatz
wendet sorgfältig ohne Eile hin und her
Mitunter soll es glücken zu entkommen
Der Freispruch heißt: Ich liebe dich nicht mehr.

Den Maistern-Meistern

Liebe ist ein Lied
                    mit Strophen
vielen Strophen kurzen langen
immer singt für uns die erste

ganz allein der Lenz spielt uns
raus aus Hemd und Hose runter
untern Lindenbaum auf der

grünen Vogelweide paart er uns
mit Sang und Schalle lässt die Östro-
Gestagene Testostèron Tango tanzen

alle Wesen die da lieben kriegen
ihren Teil davon baun sie Nester Höhlen
Wiegen dass mit ihrer Frucht der Liebe

Sommer Einzug halten kann in die
Mutter-Vater-Herzen hoch und
höher: Sommerhoch

Lange lange mög es währen
lustvoll fruchtbar freudenreich
bis die Tage kürzer werden

Nächte länger Häute kühler
Blätter bunter Vögel stiller
Monat den man golden nennt

›Noch‹ denkst du und schaust mich an
›Schon‹ seh ich in deinen Augen
All die Jahre so vorüber

in Sekunden nur in einer
die man Schrecksekunde nennt. Aber
du musst weiterlächeln weiterküssen

zeigen dass du sie gelernt hast
Lieb' gelernt hast wie ein Handwerk
eine Liebes-Meisterschaft. Sing nochmal

das Lied vom Maistern zeig dass du es meistern
kannst mit dem Gaumen deines Herzens
auswendig die Strophen kennst auch wenn

ein paar Töne fehlen wolln wir aus
geübten Kehlen singen gegen das Verstummen
ein ums andere Meisterlied. – Bis der

Dritte kommt. Sich unmerklich erst her
ranpfeift schriller lauter falsch da
zwischen fährt die Melodien

sprengt die Sänger aus dem Takt
bringt kalte grauenvolle Töne
zwingt den einen zwingt den anderen

in das letzte Lied   allein.
Meister Meinstern lass uns singen
Maistern noch sind wir zu zwein.

Oper

Im zweiten Akt wo denn sonst
von Tristan und Isolde zog
ich dir die Schuh aus und dann
was Not tat. Ich flog

dir das Hosenbein rauf auf
klang der Akkord und so fort
erhob sich Applaus unterm
Bauch gerieten wir wort

los ins Spiel schlugen
mit Engelszungen scharfe
Töne an. Trugen

auf Lippenspitzen uns weich
durchs Nadelöhr ins Himmelreich.

Schwanengesang in der Johannisnacht

für Tannhäuser

Ich tänzle zwischen meine
Beine einen lohen
grinen Schwanomannomann

(und werde ihn
auf keinen Fall befragen)

der lässt es schwänzeln
gründeln kribbeln
explodieren

Aufreißt mein Maul
Walhallagral

Danach mein lieber Schwan
mein holder Abendstern ver
dufte mir wie duftet
mir der Flieder

Wetterlage

In diesem Klima für Engel schießt
die Sehnsucht aufs Paradies
ins Kraut komm wir legen uns quer
beet da sprießt mir du gießt
ihn wonniglich links aus der
Schulter ein Flügel den deinen
saug ich dir rechter Hand aus der Haut
Halleluja wir halten
zusammen heben wir ab
flitzen wir durch den Sommer holder
Knabe im lockigen Haar komm
spiel mir was vor.

Der Sommer singt

Der Sommer singt der Seele Wiegenlied
        erklingt aus tausend Kehlen regengrüner Vögel
schwingt sich durchs Kieselgrau
        ins goldene Omega ich glaub
ich höre ein paar Obertöne Paradies.

Krankgeschrieben

Spät am Morgen im Park
geh ich spazieren ganz ohne
Kind ohne Mann für einen
Langhaardackel bin ich
noch zu jung. Nach soviel
Regentagen scheint jetzt
wahrhaftig die Sonne. Im
NADELHOLZHAIN fallen
Fichten Lärchen und Kiefern
Düfte übereinander her der
LIEGEWIESE stehen die Gräser
zu Berg. Alle Wege führen
Mütter mit Kindern zu Wagen
zu Fuß in den Bäumen im Bach.
Ein schöner Mann geht
vorbei: ließ ich ein Spitzentuch
fallen er könnte sich
umdrehn mir folgen. Alte
Frauen am Teich füttern die
Enten mit Krumen. Morgen
nehm ich ein Brötchen und
ein Taschentuch mit.

Gesundgehalten

Früh am Morgen im Park
geh ich joggen ganz ohne
Kind ohne Mann den
Langhaardackel schon
überlebt. Sonne
scheint trotzdem kalt die
LIEGEWIESE ist längst
zum Trimpfad mutiert.
Alle Wege führen Männer
teils fit teils fett
mit Headset und ohne
keuchen sie an mir vorüber.
Ließ ich ein Spitzentuch fallen
keiner würde sich bücken. Komm
zu Mammi ruft eine Frau
ihren Hund. Schneller lauf ich
es lockt der vor Jahren mein
Tempotuch aufnahm mich
mit frischen Brötchen Kaffee und
Zuckerstückküssen
nach Haus. Später
fegen wir die Krumen zusammen
verstreuen bei
Enten und Krähen am Teich
unseren schönen Überfluss.

Bildlich gesprochen

Wär ich ein Baum ich wüchse
dir in die hohle Hand
und wärst du das Meer ich baute
dir weiße Burgen aus Sand.

Wärst du eine Blume ich grübe
dich mit allen Wurzeln aus
wär ich ein Feuer ich legte
in sanfte Asche dein Haus.

Wär ich eine Nixe ich saugte
dich auf den Grund hinab
und wärst du ein Stern ich knallte
dich vom Himmel ab.

Wörtlich genommen

für John Donne

Ich herze dich
ich lunge dich
ich haute haare
pore dich

Du baust auf mich
du dachst mich spitz
palastest mich
oasest mich

Du meersternst mich
du landest mich
Ich berg dich
tal dich gipfel dich

Du freudest mich
Ich freude dich
Du sehnsuchst mich
Ich sternschnupp dich

Du brüstest hüftest
schenkelst mich
Ich zunge zaum
ich kehlkopf dich

Ich hauch brauch fauch
du füllhornst mich
Wir atmen amseln amen.

So

Auf der rechten Seite
so liegen dass
die Knie das Kinn
fast berühren. Sich den
Rücken freihalten für einen
nicht zu weichen
schmiegsamen Bauch.
Beine auch die mit meinen
scharf in die Kurve gehn
zwanzigfach Zeh'n
ganz unten. Ums Herz
in der linken Brust eine
Hand die den Schlag spürt
und bleibt im Nacken
ein schlafender Mund Speichelfäden.
Morgens aufwachen.
immer noch da sein.
So.

Ssss oooo

Auf der rechten Seite liegen wie
seit Jahrzehnten die Knie
unterm Kinn im Rücken einen
klardoch den deinen
jahressummarisch rund
um so schmiegsamren Bauch.
Beine auch die mit meinen
scharf in die Kurve gehn
zwanzigfach Zeh'n
ganz unten. Schlafversponnen
begegnen sich unsere Hände:
Ja ich bin noch da. Morgens
weckt mich dein Atem
in meinem Nacken. Kein
schönerer Ton auf der Welt
als dieses rostraue
Ssss oooo.

Das wär ein Leben

Ich bau mir mein Nest in der Achselhöhle
vom Mann mit dem Goldhelm. Geht er
so gehe ich bewegungslos mit. Krümmt er
den Leib tue ich aufrecht desgleichen.
Isst er sein Brot im Schweiß seines Angesichts
lieg ich betört von den Düften ihm
unterm männlichen Arm.
Seine Rede Ja Nein ist fraglos immer
die meine. Säe nicht ernte nicht: Er
nähret und kleidet mich doch. Nichts
verlangt er dafür als sein tägliches Quantum
Rosen dornenlos wind ich den Kranz ihm
zwitschernd ums göttliche Haupt.

Dornenlos

Mein Haus gebaut in den Wörtern und
in deinen Armen. Gehst du
so geh ich mit dir geh ich so
gehst du mit mir. Unser Brot
wir essen es salzig und süß und bitter und
immer gemeinsam. Was wir auch
trinken wir trinken einander zu.
Ist deine Rede: Ja
darfst du mich nicht verneinen
Ist meine Rede: Nein
bejahen will ich dich
Unsere täglichen Rosen
wir lieben sie mit ihrem Duft
und den Dornen. Dornenlos
zwitschert dem Feigling nur
das verstümmelte Glück.

Gibt es eine weibliche Ästhetik

Ich sehe deine Augen
mit den hängenden
Lidern am Kinn
Fettfalten die Stirn
gefurcht deine
dünnen spitzen
Ohren überm fahlen
Haar die
kahle Stelle
am Hinterkopf ich
denke du bist
von allen Männern
der schönste.

Gibt es eine männliche Ästhetik

Du hältst deine
Handflächen mir
vor die Augen:
Schau hinein sagst du.
Sieh nur
wie schön du bist
in meinen
von deinem
Leib und Liebkosen
gegerbten Händen.

Der Himmel

Der Himmel liegt seit heute Nacht
in einem Ellenbogen
darein hatt' ich gesmôgen
das kin und ein mîn wange
viel lange Zeit.

Der Himmel ist einsachtzig groß
und hat die blauen Augen
zum Frühstück aufgeschlagen
all so ist auch sein Magen
von dieser Welt.

Himmelsnest

Der Himmel liegt seit Jahr und Tag
knapp überm Meeresspiegel
Mein Himmelsnest
im ersten Stock:
da setz ich meine Segel

Vorm Fenster rauschen
im Lindenlaub
Psalter und Harfe auf
Und aus den Blüten wehen
Pans Gebete ins Haus.

Wenn Dann

Wenn wir uns wieder in den Haaren liegen
und du mich nochmal Sterne sehen lässt
dann geb ich dir von Mal zu Mal den Rest
wenn wir uns wieder in den Haaren liegen.

Wenn du mich nochmal Sterne sehen lässt
bis du wo dir der Kopf steht nicht mehr weißt
bring ich dich wieder in das rechte Gleis
wenn du mich nochmal Sterne sehen lässt.

Wenn du wo dir der Kopf steht nicht mehr weißt
du aus der Haut fährst und hinein in meine
dann halt mich kurz doch lang an deines Leibes Leine
wenn du wo dir der Kopf steht nicht mehr weißt.

Liebe

Wenn ein Mann seine Frau nicht mehr lieben kann
mit der erigierten Autorität vergangener Jahre
muss er seinen Kopf beugen und ihre Brüste saugen
mit der Zärtlichkeit und Präzision eines Petrarca.

Und wenn die Frau ihre Brüste verloren hat
an den Chirurgen und sein silbernes Messer
muss sie ihr Bein um den Rücken des Mannes
wuchten wie ein Rodeo Reiter.

Es ist der Teil der Reise
wo die Treppe schmal wird
und du dich seitwärts drehen musst
um durchzukommen.

Über der Erde die Wolken rollen und ändern sich
die Bäume halten die Luft an
für einen nächsten Versuch.
Wind streicht durch das dürre Gras und
macht ein Geräusch wie beim Dreschen.

Der Mann schiebt sich unter das Laken
die Frau lässt ihn
Beide widerstehen
von Scham gestoppt zu werden.

Unter einem gemeinsamen Laken
Mann und Frau
die alles tun
einander zu überzeugen.

Lied. Mäßig bewegt.

Du bist zu mir gekommen
als kämest du zu mir
du bist von mir gegangen
als nähmst du mich mit dir.

Du hast bei mir gelegen
als wärest du mir nah
hast mir dein Herz gegeben
als wäre eines da.

Hast mir ein' Brief geschrieben
als kämst du wieder her
da sang ich dieses Liedchen
als ob ich's selber wär.

Mögliches Lied

Im Morgenhauch überm Wasser
atme ich dich im Duft des Weißdorn
wittre ich deine Süße – und
deinen fauligen Widersacher. Zer

beiß ich das Weizenkorn
wie Funken schmecke ich dich
wenn die Tage kommen und gehen
kommst und gehst du mit ihnen.

Legt sich Licht von deinem Licht
mir auf die Zunge liebe ich dich
als wärest du wirklich
wärest du wirklich da in mir so nah.

Drei Fingerspitzen Sand im Stundenglas

Zum Tanz

Unsere Liebe Frau Phantasie
macht mir tolle Lust zu tanzen
Villon zieh die Hosen an
wir wollen ins Restaurant

schlampampen und einen ganzen

Abend durchsegeln. Kaffee
trinken wir nachher bei mir und fällt
uns kein Tanzschritt mehr ein
wechseln wir einfach die Welt.

Wiederwort

für Friedrich N.

Die Welt gewechselt. Und dann?
Fang'n wir wieder von vorne an!

Tanzen *Yesterday* wie damals
als gäbs kein morgen mehr
Gehn ins Buch das wir
liebten vor Jahren
als ob es zum ersten Mal wär.

Im gläubigen Wieder
holen was uns gut tut und not
lassen wir die Zeit gerinnen
glauben wir Zeit zu gewinnen
wähnen wir der Zeit zu entrinnen
auf der Einbahnstraße zum Tod.

Die Welt gewechselt. Und dann?
Fängt das NEUE Leben an!

Noch

Noch zwei Arme zwei Brüste
im Mund noch fast alle
Zähne die grauen Haare
reiß ich noch einzeln
vom Kopf noch zähl ich den
Monat nach Tagen meine
Blicke können noch töten noch
geht ein Lindenduft mir
in den Sinn jedes
Hochziehn der Mundwinkel noch
immer teuer bezahlt.

Widerruf

Noch zwei Arme zwei Brüste
im Mund noch fast alle Zähne
die grauen Haare –
Schwamm drüber und extra
starke Deckkraft Multicolor. Aus
gezählt hat es sich längst
verklärt mir die Abendsonne
den Blick in die Linden
aber durchgrünen durchduften
mir die Sinne noch immer
nicht ein Hochziehn der Mundwinkel
jemals zu teuer bezahlt.

Frauen

Frauen in mittleren Jahren
fahren den jungen durchs Haar
als streiften sie ab was gewesen
und nicht gewesen war

Frauen in mittleren Jahren
fühlen sich wieder verwandt
ihren Müttern die nehmen sie
wie ein Kind an die Hand.

Bildnis einer Frau zwischen vierzig und fünfzig

In den Augen versteckte
Schwermut und verschreckte Liebe
Spuren unaufhörlicher Kämpfe
gegen den Hunger so gut
wie gegen den Überfluss
Hinter der Stirn mit der steilen Falte
kündigt sich schon
die Zweitbesetzung an noch reglos und stumm
Um den Mund so viele vergebliche Küsse
Schwüre und Lügen und
das Verlangen nach Reinheit
Das Gesicht von der Stirn bis zum Kinn
überwuchert von Sehnsucht

Hühnerbrühe

Wie ganz anders verzehrt die begleitete Frau
ihre Hühnerbrühe im Bahnhof. Ja
sie hat Appetit isst weil sie will und nur
soviel sie mag. Schaut gradaus und herum
lacht wirft den Kopf wer Augen zu sehen hat
sieht wie's ihr schmeckt sitzend
zur Rechten des Herrn. Als kämen
nicht aus demselben Topf unsere Süppchen
die wir auslöffeln beide.

Reibekuchen

Wie genüsslich mit Kölsch und Schabau
spült die Frau am Fenster allein
ihre Reibekuchen hinab in den
gnädigen Kaftan lacht wirft den
Kopf wahrlich ich seh wie's ihr
schmeckt während dein Blick
fein und fatal mich bei jedem
Schluck Sprudel jedem Bissen
Diätsalat begleitet. Und da kommt
auch noch so 'n drahtiger Typ an den
Tisch von der da knallt ihr rechts und
links einen Kuss ins Gesicht brüllt
Köbes nochmal datselbe für zwei!
Und ich?
Spieß dich auf zum Salat
und verschluck dich.

Im Rahmen

Eine Frau am Fenster allein
stehend die Arme gekreuzt
vor der Brust im zarten
pastell Musselin
wartend dass einer sie fasse
in seinen altgoldenen Rahmen
ist nur auf Bildern schön
Wenn sie am Telefon lauert frei
Zeichen skandiert die Muschel
poliert ist das
nicht zum Ansehn.

Rieseln

Sagt man so: das Leben
                    verrinnt …
Stehst du im Herbst
am Fenster allein
kannst du es hören:
das zarte trockene Rieseln.
Drei Fingerspitzen Sand im
Stundenglas. Umdrehen
einfach umdrehen
bevor das letzte Körnchen
die enge Taille passiert.

Spürest du

Wenn der Tag sich neigt steigen
die Reste des Lichts. Gnadenfrist
in den Wipfeln kreischt Wind auf
spreizt er die Kronen kein Nistplatz
kein Halt keine Ruh.

Spinnen

Wir gehen auf immer schmaleren Straßen
halten einander an Hand und Namen
salben die Füße mit Weißt-du-noch ein
Wir spinnen einander den roten Faden
des Lebens – Komm zwirn dich rein.

Kurz vor Schluss

Die Erde in Rot getaucht
Erntelicht brennt im Nacken
Ich beuge ihn zu den Wörtern
Blut und Rosen

Für Stunden gewährt uns die Sonne
mildernde Umstände in den Wolken
verschwimmen die Luftschlösser des Sommers

Ich atme die Lieder der letzten
Zugvögel ein: Wind und Staub
Die Luft ist voller menschlicher Stimmen

Lilien

Wörter aufgeblüht
          in Duft und Kraft
Staub und Tau. Spinnen flitzten
in stillen Nächten ihre fiebrigen Netze
Grillen feilten die grünen Gräser zu Heu
Bienen summten
vom Innenleben der Rosen (O lala)
Inger aus Dänemark
spielte mir ein paar Schmetterlinge zu
Später prasselte warmer Regen
in meine Zeilen und im Garten
begannen verblichene Lilien
noch einmal zu blühen: O dieser
auferstandene Duft
nach überwundenem Tod!

Fest auf der Alster

All das Eis wir schwelgen
im Winter unter der Sonne
Laufen auf Kufen im Kreis
und gradaus mit und gegen
und durch Licht und Wind.
Alte Ehepaare ziehn sich
noch enger zusammen
Vater und Mutter kreisen
in hohem Bogen ums Kind.
Wippende Mädchen im heiratsfähigen Alter
lächeln aus der Hüfte heraus gutaus
staffierte Lilien in kühnen Kurven
kreuzen ihre Herzensmänner das Feld.
Sogar silbrige Herren und Damen geraten
ins Schleudern der Hut fliegt vom Kopf
der Hund rutscht hinterdrein
wittert Glühwein auf Eis.
Übermütig lächeln wir alle verschworene
Kinder die vom selben Süßen genascht
Werfen Lächeln wie Bälle uns zu
durch die lächelnde Luft. Lächeln
als gäbe es nichts zu bestehn
als den nächsten Schritt als geschähe
nur was wir im voraus schon sehn
bis an den Horizont von
Brücken Kirchen und Banken.
Lächelnd vergibt ein jeder von uns
seinem Nächsten und sich
diesen Nachmittag lang
all das Eis
unter der Sonne.

Über die Alster

Diesen Sommer liebste Freundin
          ich erlas ihn wieder und wieder
mit seinen vom Sonnenmaul rundgeküssten Kirschen
dem leuchtenden Rauschen des Lindenlaubes vorm Haus
Leidenschaftlich liebkoste der Wind meine hitzesatte Haut
Lust Genuss Wonne und Seligkeit wurden aus Wörtern zu
Spürsinnen Scharfsinnen Fingerspitzengefühlen
Mitunter gelang es mir
          trockenen Fußes über die Alster zu gehen.

Aufgewachsen

I
Aufgewachsen

Daher der Reim
Von den Wellen am Rhein
konnte eine nicht ohne die andere sein

Im Frühjahr stiegen sie warfen
Augenpaare nach mir aus dem Schlamm

Kopfweiden am Ufer kaum höher als ich
aber zähe alte Luder warnten mich
Schau nicht hinein

und war längst in ihnen versunken.

Aufgewachsen

I
Kiesel am Rhein

Ins Verhör nimmt dich
der schweigende Stein
in deiner Hand

So viel Gewesenes
Jetzt und Vorbei

All die Linien
versunkenen Lebens
aufgeweckt in deinen Augen

Warten auf deine Antwort.

II
Durchs Dorf

Vorbei
am übermannshohen Zaun
der Villa vom Schnapsfabrikanten
der führte seinem Nachwuchs
einmal im Jahr zum Spielen
auch Arbeiterkinder zu

Weiter vorbei
an der Burg hinter Stacheldraht
im streng verbotenen Park
wo der Freiherr den Hund
auf uns hetzen ließ
mit einer Bewegung der Hand
die ich abends vorm Spiegel übte

Weiter vorbei und hin
von den geteerten Straßen
dem Geruch nach Rüben Porree und Kohl
und vom anderen Ufer Chemie
an den Rhein den Rhein entlang

Weiter vorbei und zurück
in das kleine Haus zwischen großen
Die Frau darin freute sich
neun Monate lang auf mich
Wo bleibst du so lange fragt sie
Jetzt ist der Kaffee kalt.

II
Legenden

Ich ging
        durchs Dorf und alles
sah ich wieder und
wieder nicht.
War dies das Haus
mit Herd und Wasserkessel
Kräuter Gewitterduft
gewürzt geweihter Asche
voller Rosenkränze
(freudenreich schmerzensreich glorreich)
Der Schornstein rauchte
nicht mehr und die Fenster
blickten leer. Ich strich
mit einer Hand die Asche
von der kalten Ofenglut
und sah auflodern
Vater Mutter euch
in feurigen Legenden
nah wie mein Blut.

III
Keine Tochter

Ja der Kuchen ist gut – Ich habe
nie gern Süßes gegessen – Ich esse
gern noch ein Stück

Nein mir geht es nicht schlecht.
Viel Arbeit. Ja. Älter werde ich auch.
Noch kein Mann? Nein kein Mann.

Vorm Eigenheim mit Frau und Kind
des Sohnes wuchs der Ableger
von der Clematis vorm Elternhaus an.

Überm Fernsehen schläfst du ein.
Dein Kopf sackt nach vorn deine Schulter
auf meine. Ich halte still.

Näher kommst du mir nicht.
Ich bin dir wie vor meiner Zeugung
so fern. Verzeih ich möchte
auch keine Tochter haben wie mich.

III
Nachruf

In der vergangenen Nacht
an meiner Hintertür
ein Jaulen Kratzen
wie von einem Köter

Ich wusste: das warst wieder du
mit deinen kleinen harten Pfoten
denen die meinen mit den Jahren
so ähnlich werden.

Der Giftzahn war in deinem Winseln
gut verborgen war dein kaltes Auge
das unsere Kinderfüße immer wieder
zum Stolpern brachte.

Bleib weg. Ich mach dir diese Tür
nicht auf. Und keine andere.
Dreh mich nicht um
nach dir wenn du mir
in den Straßen folgst und
in den Nacken seufzt.

Bleib liegen. Du weißt: ich hab
das weiße Laken über deine Stirn gezogen
mit eigner Hand den Sand geschaufelt
auf dein Grab. Bleib liegen
unter der Schwerkraft des Lehms.

Du zerrst mich nicht
wenn ich des Nachts erwache
aus meinem Bett den Flur entlang
vor das kalte Auge des Spiegels
das mich verdoppelt
in dir.

IV
Der Vater

Heute hab ich um meinen Vater geweint
der ist seit acht Jahren tot
geweint hab ich zum ersten Mal
ist meinem Herzen die Spitze gebrochen
bin ich nicht in Mozart Sonaten gekrochen
aus Angst aus Angst vorm schwarzen Mann
hat einen roten Mantel an
und einen Teller durch den Hals
der Kopf der hängt ihm hinten.

IV
Geboren

In dieser Nacht
erhob sich der Vater
aus seinem ewigen Bett
trat er in meinen Traum

Holte das blaue Stöckchen
hinter der Uhr hervor
holte das kleine Mädchen
aus mir heraus und
legte es übers Knie

Ich – nun älter als damals er –
nahm ihm den Stock weg
nahm ihn in meine Arme
wiegte den alten toten Mann
zurück in den Schlaf
als wäre er mein
ganz kleines Kind.

V
Kinderspiel

Kinder auf der Jagd nach Schmetterlingen
ihr geschlechtsloses Lachen beim Zappeln
der Beute in den kreiselnden Netzen
Ihr Aufglühn beim Zücken der Nadelspitze.
Und ein waldbeerblauer Mund sagt:
Er ist hin.
Nachts ermattete einsame Körper
Brennnesselzeichen wunde Knie.

V
Staub

So
wie wir uns
von den Gräbern der Freunde
entfernen
wir uns von unserer Jugend
verblassen verlöschen
all die wilden Kinderspiele Himbeer
mäuler aufgeschlagene Knie
lange Nachmittage unter den Weiden
Wolkenspitzen braune Jungenaugen
der erste Kuss der Strom das Boot
werden zu Staub im Staub
der Erinnerungen
wie unsere Freunde im Grab.

VI
Wort halten

Ich kam zu spät. Das warme Bett
war leer. Sperrangel
weit standen beide Fenster offen.

Händedrücken mit vielen Leuten.
Fremde. Für persönliche Dinge
war der Plastiksack da.

Den Gang entlang rollten rosige Arme
die Wagen mit Schonkost. Wir stiegen
zum Keller hinab. Das letzte Fach unten rechts.

In diesem weißen Tuch
das ihr der Sohn um Kopf und Kinn gebunden
sah sie fast wie auf ihrem Hochzeitsfoto aus.

Ich roch den Fliederstrauß
auf ihrer starren Brust.

VI
Karfreitag

Karfreitag nach dem Deutschen Requiem von Brahms
In langen Zeilen geht der Tag voran in langen Stunden
durch dürres Gras in das der Wind der Wunsch hineinfährt
tonlos hineinfährt in die gelben Glocken auf den hohen Stengeln
der Wind der Wunsch
nach einem Wiedersehn mit den geliebten Toten
und wenn nicht Wunsch so doch die
Sehnsucht diesen Wunsch zu wünschen
als könnte einer da sein der ihn hört
und zu erfüllen in Erwägung zieht.

VII
Mein Vater

Wer ist das?
fragen meine Freunde
und deuten auf das Foto
des Mannes über meinem Schreibtisch
zwischen Salvador Allende
und Angela Davis.
Ich sage:
Mein Vater. Tot.
Dann fragt niemand weiter.

Wer ist das?
frage ich den Mann,
der nicht einmal
für das Passfoto lächelt,
der an mir vorbeischaut
wie beim Grüßen
an Menschen
die er nicht mochte.

Bauernkind, eines von zwölf,
und mit elf von der Schule
hatte ausgelernt,
mit geducktem Kopf nach
oben zu sehen.
Ist krumm geworden
als Arbeiter an der Maschine
und als Soldat
verführt gegen die Roten.

VII
Mein Gott

Ist was? frag ich
die Freunde wenn sie ihn
sehen über meinem Schreibtisch
(neben Schiller und John Donne)
den Mann den jeder
man kennt den
ernsten Mann am Kreuz
den noch keiner lächeln sah
Wie sie da gucken die Freunde
(ein bisschen verlegen) und
die Schultern zucken
(etwas mitleidig)
Ist was? frag ich
Dann fragt niemand weiter

Einzelkind (was den Vater angeht)
reichlich Halbgeschwister
Machte sich aber nicht viel
aus Familie (kleine Verhältnisse
Adoptivvater Zimmermann aufm Dorf)
Kehrte ihr bald den Rücken (säte nicht
erntete nicht und sein himmlischer Vater
ernährte ihn doch) schlug sich
als Wunderheiler durch
mit einem großen Herzen für
die kleinen Leute und einer forschen

Nachher noch einmal:
geglaubt, nicht begriffen.
Aber weitergemacht.
Als Arbeiter an der Maschine
als Vater in der Familie
und sonntags in die Kirche
wegen der Frau
und der Leute im Dorf.

Den hab ich gehasst.

Abends, wenn er aus der Fabrik
nach Hause kam,
schrie ich ihm entgegen
Vokabeln, Latein, Englisch.
Am Tisch bei Professors,
als mir der Tee
aus zitternden Händen
auf die Knie tropfte,
hab ich Witze gestammelt
über Tatzen,
die nach Maschinenöl stinken.

Hab das Glauben verlernt mit Mühe.
Hab begreifen gelernt und begriffen:

Lippe gegen die da oben (Ihr sollt
Gott mehr gehorchen als den Menschen)
Aufsässig furchtlos eigensinnig
praktischer Arbeit abhold

Den hab ich geliebt

wenn ich die Mutter
mundtot machte mit Lukas:
nicht die hauswirtschaftende
Martha vielmehr Maria
zuhörend von Jesu gefesselt
habe ›das Bessere‹ erwählt

und mich mit göttlichem Segen
in meine Bücher vergrub

Hab das gottschlaue Lieben verlernt
bei den Weiden am Rhein
unter menschlichen
Lippen- und anderen Zärtlichkeiten
So viele Vaterunser der Reue und Buße
Vergebene Liebesmüh

Mein Kinderheld fuhr
in den Himmel auf
Ich blieb unten

Den will ich lieben
Bis in den Tod
All derer,
die schuld sind
an seinem Leben
und meinem Hass.

Manchmal
da lag schon die Decke
auf seinen Knien
im Rollstuhl,
nahm er meine Hand,
hat sie abgemessen
mit Fingern und Blicken
und mich gefragt,
wie ich sie damit machen will,
die neue Welt.

Mit dir,
hab ich gesagt
und meine Faust
geballt in der seinen.

Da bin ich noch

Manchmal aber
lese ich wieder
in seinen alten Briefen
(die von den vier Kurieren
überbrachten)
oder besuch ihn bei sich zu Haus
(Mit Brot und Wein
Musik und Kerzenschein)
Dann frag ich ihn
Wofür das alles? Dein Leben
Leiden Sterben

Für den
        der fragt
sagt er und lächelt
befreit
von seinem Kreuz
nimmt mich
in seine Arme
flüstert mir ins Ohr:
Irgendwann
stell ich dich meinem Vater vor.
Lass dir Zeit. Ich kann warten.

Und meine Freunde?

Da machten wir die Zeit
zu der unseren,
als ich ein Sechstel
der Erde ihm
rot auf den Tisch hinzählte
und er es stückweis
und bedächtig
für bare Münze
und für sich nahm.

Wer ist das?
fragen meine Freunde
und ich sag:
Einer von uns.
Nur der Fotograf
hat vergessen,
dass er mich anschaut
und lacht.

Bring sie doch mal mit.
Auch Fatima und Ali.
In meines Vaters Haus
sind viele Wohnungen.

Und mit fünf Broten und zwei Fischen
krieg ich alle satt.

Eitelkeit Staub und Asche   auf einer leeren Seite

Meine Wörter

Meine Wörter hab ich
mir ausgezogen
bis sie dalagen
atmend und nackt
mir unter der Zunge.

Ich dreh sie um
spuck sie aus
saug sie ein
blas sie auf

spann sie an
von Kopf bis Fuß
spann sie auf

Mach sie groß
wie ein Raumschiff zum Mond
und klein wie ein Kind.
Überall suche ich die Zeile
die mir sagt
wo ich mich find.

Von den Wörtern

I
Nicht die Verzweiflung bringt
          dich in den Abgrund es ist
die Hoffnung die dich immer
näher an seinen Rand führt bis
du dich frei
willig hineinstürzt.

II
Was führt dich
          zur Verzweiflung?
Ein Wort.
Was macht
          dir Hoffnung?
Ein Wort. Ein Wort
zu wenig. Ein Wort
zu viel. Und schon
übernimmt es
die Führung.

III
Was für ein Wort
          soll es sein?
Eines das den Riss näht
Eines das den Riss aufbricht
den zitternden Riss im Herzen
den Riss von den
wortlosen Schmerzen
O Wort das es
schützen könnte:

ein Wort mein Wort
das den Riss herausnehmen könnte
aus meinem Herzen.

IV
Ein Wort vergessen wie
              man eine Liebe vergisst
Wissen was dir auf der Zunge lag
und nie wieder schmecken.

V
Die Mechanik des Herz
              klopfens heißt
noch lange nicht dass
du fühlst was du sagst wenn
du sagst du fühlst.

VI
Wo? In dieser runden
              Höhle meiner Hand
Liebeshöhle: da
wartet das streichelnde Wort
auf deine Haut.

VII
              (Grammatik für K.)

Nimm ein Dingwort
              ein Singwort
Ein Tuwort
              ein Duwort

Ich schenk dir
        ein Mirwort
Du gibst mir
        ein Dirwort
Wir machen ein
        Wir(r)wort daraus

VIII.
Und wenn du sagst
        Ich liebe dich
legt sich eine Stille
um die drei Wörter
dass es ein Leben braucht
einen Satz zu finden
der dazu passt.

IX.
Alle Wörter prahlen
mit ihrem Sieg
über das Schweigen
Und das Schweigen?
Hat immer
das letzte Wort
oder
das nächste   erste.

Was bewirkt ein Gedicht?

Dichter sind Dealer. Gedichte Stoff. Sie sollen süchtig machen. Nach einer Wahrheit, die es so sonst nirgends gibt. Auch nach Schönheit. Jedoch: Schönheit allein erzeugt nur Rausch, der ins Leere fallen lässt.

Gedichte sollen langsam wirken. Chronisch vergiften. Mit Erkenntnissen über uns selbst. Das ist gefährlich. Das Gift bleibt im Körper, die Erkenntnis im Kopf. Das ist nicht immer angenehm. Wir leben bequemer naiv. Indes: Das richtige Gift, richtig dosiert, stärkt.

Gedichte sind Stoff, in dem wir uns nicht verlieren. Wir finden immer mehr von uns selbst. Gedichte nehmen uns ins Gebet, decken auf, was wir zudecken möchten. Jede Lawine beginnt mit einer Schneeflocke. Zumindest die müssen Autor und Leser gemeinsam haben, sonst kommt nichts ins Rollen. Was bewegt wird, ist unkalkulierbar. Der Henker und sein Opfer lesen Hölderlin.

Das Gedicht ist so harmlos und gefährlich wie der Leser selbst. Er muss bereit sein, die Lawine zuzulassen, sonst wird aus den Schneeflocken nicht mal ein Ball. Jeder hat das Recht, sich so dumm zu stellen, wie er will. Das Gedicht ist einfach nur da. Es hat allein die Macht, die der Leser ihm einräumt. Es kommt vor, dass einer aufschrickt beim Lesen eines Verses wie beim Anruf des Appollinischen Torso in Rilkes Gedicht: Du musst dein Leben ändern!

Dichterlesung

Da sitzen
         die Füße locker neben
einandergestellt. Sehnsucht
nach der Stimme da vorn. Den Kopf
ein wenig in den Nacken legen das
Gesicht ausbreiten dem Himmel entgegen
(vulgo Zimmerdecke) Die Augen
schließen (unbedingt) Die Ohren
aufstellen ausfahren spitzen
Die linke Hand auf den
Bauch die rechte über die linke legen.
Mutige dürfen die Hände
auch falten (verstärkt die Wirkung)
Furchtsame haken sie ineinander
Feiglinge ballen die Faust

Und dann

Du hörst die Worte und
gibst sie zurück dem
der sie dir zu Gehör bringt
schickst sie mit dem von dir
Gehörten Verschwiegenen
wieder zu ihm.
Alle Hörenden tun das.
Immer strahlender mächtiger unerhörter
werden die Wörter die dich erreichen
zurückschwingen wiederkehren:
Kreislauf der Wörter

Hörender und Gehörter
Sprechender und Gesprochener
Bis du nicht mehr weißt:
Hörst du ihm zu? Hört er dir zu?
Hört es dir zu? Hörst du dir zu?
Hörst du es?

Und dann

beginnt dieses schwebende Verfahren
Wellengang Klartext Gesang
Leinen los und hinaus auf hohe See
Durch Gehörgang Gehirngang ins gute alte Herz
(vulgo: Nucleus accumbens im Striatum)
Zu Herzen gehen
Das Geräusch der Wellen der Wörter
die gegen den Felsen schlagen
Manchmal auch
Meuterei Piraten Über-Bord-Gehn
Kentern an Land gespült werden
raus aus dem Buch
machen die Wörter
den Mund auf atmen lachen weinen
kribbeln dir auf und unter der Haut
nisten sich ein (manchmal)

(Kannst sie auch in die Manteltasche stecken
schön warm im Winter)

Und dann

Am Ende: Stille. Stille
beruhigte Stille.
Rausgehen. Die Jacke zuknöpfen. Das Ticken
der Uhr in deinem Körper vergessen.
Vorübergehend.

Meine Damen und Herren

Das Gedicht meine Dame ist kein Kölnisch Wasser
für kalte Kompressen aufs Herze
ist kein Deo gegen den Angstschweißgeruch
wenn er geht. Dreht keine Locken flicht
weder Zöpfe noch Kränze
färbt keine neue Jugend ins graue Haar

Das Gedicht mein Herr hat nichts mit Ihnen
zu schaffen. Nichts mit Ihrem Hand
auflegen wenn eine von uns um
einen von Ihnen weint nichts mit Ihrem
Fuß der tritt wo immer er hintritt
mit Ihrem Krieg nichts und nichts
mit Ihrem Sieg.

Das Gedicht mein Herr erschafft auch keine Waffen
ist meine Dame kein Kunststückchen zum Begaffen
lässt sich nicht rauslassen einhalten an der
rückwärtigen Naht oder mal eben schaben
wie einen Dreitagebart

Wenn's nicht passt oder sticht das Gedicht
lassen Sie sich doch ändern
von dem und mit dem und um
das Gedicht herum.

Lebenshilfe

Hand aufgeschlagen das Lebensbuch
Dichterin kannst du uns sagen
Wie viel Herzeleid geht in ein Herz hinein
a) in jungen b) in älteren Jahren?

Stütz den Kopf in die Hände Frau
und denk nach   Ach der Wasserhahn
tropft und die Nachbarn poltern
Deine Dichtkunst kommt nicht so recht voran

und statt Versen klopfen Schmerzen
die Stirn ungebärdige Pentameter
und das Herze ist leid all das
Herzeleid und das balzige Gezeter

eine Sache für unreife Nachtigallen
und fette Nachlasskehlen.

Wenn ihr fühlen wollt was
Leiden sei fasst in eure eigenen Seelen

Ach da ist nichts was schlägt
nicht drauf und nicht hoch
da schlupft nur ein mickriges
Mäuseloch?

Dann ist euch nicht zu helfen ihr allerwertesten
AllerBestenWelts Herren und Damen
Wer ob jung ob alt kein Herz überm Kopf hat:
der lese Bilanzen geh Kanufahren.

Worte

Worte sagt wahr und tanzt
in die Reihen zeigt euch
dem schönen Zwang zugeneigt
Steigt aus den Träumen uns
in die Ohren beugt unsern
Blick vor dem was in der Welt
uns in Weinen und Lachen zerfällt.

In den hohen Bibliotheken

Nachts bei Vollmond
              kannst du es mitunter hören
in den hohen Bibliotheken
dieses leise Knarren und Quietschen
wenn einer die Welt
aus den Angeln hebt und die Tür
nicht wieder zukriegt.

Ballade von S.

Zehn Meter vor dem Gipfel
glitt der Fels ihm heute
wie gewöhnlich aus der Hand
und wie noch nie nach oben

Nun stand der Mann
mit leeren Händen da
lief hinterher Triumphgesang
Triumph der Fels bleibt liegen

In seinem Schatten S.
Jahrtausendmatt
Schaut seine Hände an
S. war

S. nur wenn er den Felsen rührte
Wenn Schweiß floss Füße Finger
Blasen warfen Mühsal
Belohnung immer nur verhieß

Wenn er den Kopf
am Stein sich wund stieß
spürte S.: Ich bin.
Jetzt ohne Bürde

Ballade von Sisyphos' Stein

Hochpressen mit
verdrossener Routine
will er den Stein
da bleibt der

Klotz vor seinen
Füßen liegen und
grinst: Gekündigt.**
S. arbeitslos. Selbst

ständig. Ungelernt. Im
bleichen Mondenschein
im weiten Tal der Stein
S.   Schaut

seine Hände an zer
schlägt den Stein in Platten
Quader ziegelgroße Stücke
Intim bekannt mit

der Materie baut er
das Haus zuerst
dann einen Tisch
und lädt zum Gastmahl ein

spürte er nichts mehr. Nahm
weder Wind noch Quellen
noch den Dattelbaum den
Abendstern nicht wahr

und nicht den Weg
hinunter zu den Menschen.
S. hatte überlebt. Zu leben
nicht gelernt. Der Fels

ließ sich nie wieder
von der Stelle rühren.

(Hat ja nichts ausgegeben
bei der Plackerei)
all jene, die ihn heimlich
hin und wieder unterstützten.

Auch zierde Frauen bittet er
zu sich (Hat vieles nachzuholen)
poliert den Schönen neidliches
Geschmeide dreht für die

Kinder Murmeln schleift
aus des edlen Steines Herz
den Buchstein gar für eine
die ihn lesen kann beinah

so gut wie S. der nichts
als seine Wörtersteine las
jahraus jahrein und jetzt
aus sattem Steineschweigen

Sätze schafft
die er wie schöne schwere
leichte große kleine
wie raue harte weiche weise Steine

jedem der fragt den einen
seinen gibt.

** Das war ein Augenblick!
   Was soll ich Ihnen sagen!
   Als sich die zwei da
   angesehen haben!

Vergeigt

Natürlich schreibe ich anders
im Frühling: die schneeweißen
Briefe zerschmolzen. Eis: Kugeln
mit Geschmack

Jedes Auge ein Gott
über Grün und Blau und
hymnische Telefondrähte

Aller Welts Ohren verlangen
nach Liedern getrommelt
gepfiffen Solo im Chor

Wir tanzen nach den ersten
Blättern grün vergnügt
aus uralten Bäumen

geigen sie: Hier sind wir.
Wir sind hier. Tanzen wir.
Hier sind wir. Hier.

Evergreen

Kommt der Frühling
Macht sich wieder
Breit in Primeln-Tulpenbusen
Öffnet Mieder unterm Flieder
Busch und Tusch
Der Lenz ist da

Lenz und Häns und Chen und Bieder
Meier ja auch der ist Da Da
Erblüht selbst Annas Blume
Neben Rosen Tulpen Nelken
Raus jetzt! Eh die frischen Lieder
Mit der Zeilenzeit verwelken

Dressurakt

Wirst du wohl bist du wohl schön
ruhig schreiben schreiben schreiben bis
Zeilenschluss. Kusch dieses Wort
hat zu bleiben da setz ich es
ein. Niemand redet dich aus
deinem Maß mein Gedicht wie
angeboren am Ziel.

He du

He du komm her du
Ich bin das All
Mächtige das
dich liebt und verstößt
frisst und wieder ausspuckt
heiligt verdammt mordet gebiert
mit meinem unerschöpflichen
Vorrat dieser wunderträchtigen Schnörkel
nach abertausendjährigen Mustern
He du komm her du
bleibst jetzt hier
wo du bist von hier von mir
kommst du nie wieder
fort: Du Wort

Ars poetica

Danke ich brauch keine neuen
Formen ich stehe auf
festen Versesfüßen und alten
Normen Reimen zu Hauf

zu Papier und zu euren
Ohren bring ich was klingen soll
klingt mir das Lied aus den
Poren rinnen die Zeilen voll

und über und drüber und drunter
und drauf und dran und wohlan
und das hat mit ihrem Singen
die Loreley getan.

Einfach auslöffeln

Wir brauchen neue
                Formen sagst du. Werf ich doch grad ma
so'n paar Zitterzackezeilen aufs Papier (ach so geduldig)
Geb Pfötchen und dazu das Gute Wahre Schöne
Händchen und auf die Fluren
lass die Winde los (Traditionell) Alsdann
versetz ich mal nen Gnadenstoß jed
weh und der poetischen Verfremdung
(Jung wie dat löppt) Schlag eine
Schneisung in verarmte Reimung
und befehl
                den letzten Früchtchen
voll zu sein (1,4 Promille) Lalaleluja
(oijoijoi böser Kalauer)
Und jetzt? Fragst du. Tunken wir mal alle
das Haupt ins heilignüchterne Wasser
und gründeln.

PS. Große Worte einfach auslöffeln

Schreiben

Tief wo Aale und Wörter
die Leichen fleddern
mästet sich das Gedicht
am versunkenen Leben

Wie es sich windet
in Rotz und Wasser
Narben aufreißt Wund
ränder weit auseinanderbricht

Der Schädelhöhle
Erinnern einpresst
bis aus den Augen
das Salzige quillt

Schließlich das Herz besticht
noch einmal wie im
Leben zu schlagen mit
dem Versprechen von Liebe

Endlich der Pulsschlag
in Wörtern und Silben
ausgesaugt jede Sekunde
das Leben noch einmal zerstört
geborgen im Wort.

Alltag im Gedicht

Aus den Dingen werden Gespinste
Sätze zu schweren Brocken da
zwischen kullern paar Hartholz
tränen vom Tisch

Den Müll rausbringen im
Silbennebel verstecken
ganz hinten im Gedächtnis
bei den Erinnerungen

in der Vorratskiste der Wörter
die auf das Schwermuts-Trommel
Feuer warten. – Ich höre sie schon
auf der Treppe tappen: meine Seele.

Wildnis

Das Gewissen kommt wenn es Nacht ist
Es marschiert nach hartem Takt
starr mit versengendem Tritt
reißt jede Erlösung mit verdirbt
was noch gut ist. Genießt
auch die letzte Hoffnung zu sprengen
mich mit Schwüren zu behängen
schwer mich zu werfen auf mich zurück.

Übernahme

Gestern kamen dunkle Gäste
ich erschrak und schrie Gespenster
wollten aber sie nicht sein.

Griffen sich mit großen Gesten
Zahlen Namen aus den Schränken
fragten nach vergangenen Festen

wollten sich mit knappen Resten
(Wovon Reste?) Na der
Träume na des Lebens aber

nicht zufrieden geben tasteten
mir in die Brust
in den Bauch nach Herz und Leber

suchten frische Spenderware
sich am Leben zu erhalten
wollten gern ein Ganzes sein.

Ich in Panik drückte Exit
drückte löschen drückte schließen
schrie auch Besen sei's gewesen

wichen aber nicht. Höhnten
Goethe höhnten Schiller
höhnten windows microsoft

krallten sich in meine Zunge
zwangen mich zur Übergabe.
Übernehmen musst ich alle

vom Gewissen ins Gedicht
rein in dieses Ungedicht.

Liebe Kolleginnen und Kollegen

Wann habt ihr so
das letzte Mal gesessen
mit drei vier Gläsern Wein
die Augen müd im Kopf
verwirrtes Leben wie
am ersten Tag oder
am siebten: denn da ruhte Gott.
Mein Gott gibst
mir zu leiden nicht
zu sagen was. Das
kennst du auch
Roswitha Karoline
Bettina Gertrud und
Annett (dein e zerstört
du hörst es wohl die Anmut
im freien Silbenfluss)
Friedrich und Heinrich Johann
Christian Günther: Ihr großen Brüder
Schwestern hört das Lied
ist euerm Schwesterlein vergangen
gönnt ihr ein Wort macht
ihr ein U fürn X und
einen Reim drauf. Auf! Sauft
auf ihr Wohl und
lobpreist dies Gedicht.

Alte Freundin

Von Zeit zu Zeit
        dasselbe Buch
wieder einmal besuchen wie eine alte Freundin
(einen Freund, einen Lehrer)
– Schön dich wiederzusehen sagt sie quick
lebendig. Wie ist es dir ergangen?
Mach doch die Tür zu. Nur du und ich. –
Ach deine schwarzen Augen und dann dein Name
Undine wie oft ist mir deine Stimme
entgegengekommen wenn du mir dein Ich zeigtest
wie eine unanständige Wunde (dich mit
Tag und Datum Ich zu sagen traust) wie oft
hast du mir die Angst genommen
vor dem Gespenst des Scheiterns ›das man
herausbeschwören muss um damit umgehen
zu können‹ sagst du.
        So
wie in diesem Gedicht für dich (das gar keines ist)
Tschüss dann bis zum nächsten Mal. Ich werd mich
revanchieren mit einem Körbchen Mirabellen
einem Beinkleid und ein paar Wolkenschnörkeln
vom klaren Wortfirmament über den Narben.

Verdächtig

Ich bin der Stille verdächtig:
Seit Wochen schweige ich meine
Wörter in die Knospe einer Rose

Gute Wort schöne Worte Liebesworte
auf ihre Echtheit geprüfte Worte
Kinderworte Vogelworte leicht und wahr

Ich bin eines fremden Geruchs verdächtig:
Die Rose beginnt aus meinen Wörtern zu atmen.*

Stille Musik

Niemand hört lieber Musik
                  als die Stille
(Ihr Gedächtnis ist voller Musik)
Wenn du sie genauso liebst und gut zuhörst
(Schuberts Nocturno zum Beispiel)
kannst du sie
mitsummen hören und manchmal
richtet sie sich (nicht selten im Frack)
nach dem letzten Ton hoch auf
und übernimmt das Orchester
– Ah diese weiche weiße Fülle –
oder setzt sich ans Klavier
das ihr mit breiten Zähnen entgegenlächelt
und spielt
mit nach rechts geneigtem Kopf
deine geheimsten Gefühle.

Gertrud Kolmar

Auf meinen Knien das Häufchen
Fotokopien wird leichter

Langsamer lesen

Mit jedem Blatt lege ich Lebenszeit ab
von einer die schrieb im vorletzten Brief:
Ganz ohne Freude bin ich freilich nicht
Sie meinte ihre Erinnerungen
Weinte mit keinem Wort
Lebte vom Leben schon sehr weit entfernt
Legte an alles Geschehen längst
den Maßstab der Ewigkeit
Trat freiwillig unter ihr Schicksal
Hatte es schon ›im voraus bejaht, sich ihm
im voraus gestellt‹ schrieb sie

Langsamer lesen

Wir wissen nicht wo sie starb
Wir wissen nicht wann sie starb
Ihre Mörder sind bekannt

Im letzten Brief fiel ihr ›eben etwas
Ulkiges ein‹. Versprechen und Pläne. Herzliche Grüße

Langsamer lesen

Immer wieder von vorn.

Elegie auf einen Dichter

Hatte er Kinder? Eine Frau? Hund Vogel Katze? Hatte
sein Haus ein Dach?
War er von denen einer die aus Limousinen steigen
hinunter in die Bar   ins Grab   und
tiefer   dahin   wo Gut und Böse ihren blondgelockten
Unterschied verlieren   Stieg er so weit hinab?

Ein Bauer schaut den Feldern dankbar zu
Was kümmern ihn die Wurzeln   Er sieht
wie Korn die Halme füllt und stellt sich
Mittags in der Bäume Schatten

Tat das der Dichter auch? Stieß er das Fenster auf
wenn ihm nichts mehr gelang und setzte sich dem Schatten
eines größeren Schöpfers aus? Ließ er sein einsames
Gesicht vom Mond bestrahlen wenn er es nicht mehr aushielt
das Geschrei der Toten in den Büchern

Der Jäger jagt sein Wild mit Schlingen und mit Fallen
der Fischer reißt den Haken aus dem Maul zu kleiner Fische
wirft sie zurück und deckt die Augen dem der daliegt zu
im eisigen Bach

Tat das der Dichter auch? Hat er die Folianten durchgestürmt?
Das Leben? Lebte er Aug
in Auge? Oder Wort für Wort? Sprach er das Wort aus
leicht   sprach er es schwer schnell langsam mit Bedacht   Sprach er so
wie man das Korn sät für das Brot? Nahm er
den Wörtern ihre Dornen gab er sie zurück?

Hat er gespart? Für andere? Für sich? Hat er den Hut gezogen? Zahlte
er die Steuern? In frostigen Zeiten raschelte
das Alphabet wie steifgefrorenes Gras wenn er hindurchging
und schnitt in seine bloße Haut

Der Clown verschluckt sein Lachen   Unter der Kuppel
keucht der Akrobat fiebrig und strahlend
auf den Bänken muht die Meute und leckt die Lippen
nach Blut Schlagzeilen und nach Epitaphen

Für einen Dichter? Der die Augen zukniff wenn
er in die Sonne sah   Wie kleine Kinder
die am Fuße eines Sockels stehen auf dem ein Mann
steht   steinern   und auf dessen Schultern ein Kopf
so wie die Sonn am Himmel steht   So

blinzelte er wenn er Großes sah (und groß war
größer als er selbst) Zum Beispiel: Beete
frischer Blumen brachten ihn zum Blinzeln dass
ihm das Wasser aus den Augen trat
Oder am Fuß des Sockels
eine Rose bevor man sie im Herbst
im Dung verscharrt nach dem Gesetz
dass die Materie zerfällt und dass
das Wort ersetzbar ist und nicht die Dinge

Im Sommer lächeln schöne Frauen in den Straßen
wie von Altären oder Illustrierten tief in die Körper
ihrer Männer bis dahin wo man Kinder macht.

Über dem Nacken junger Mädchen
geht die Sonne auf   Es beben
die Planeten von all den Hände-
Füße- Lippenzärtlichkeiten und später
führen Mütter Kinder aller Wege
im Wagen zu Fuß in den Bäumen im Bach   Hat er

da mitgelebt da mit gelebt? Ließ er sich fällen
von der Liebe Not? Hat er den Brand gekannt
den Hirnfraß wie von ungelöschtem Kalk? Lippen
aus denen Lächeln abgefeuert wird wie Projektile?
Mitten im Winter den Geruch von Sonne
auf nackter Haut und Heidelbeeren? Geschrei
aus einem Kinderwagen? Oder

ging er   ein schöner Mann   daran vorbei? Schlug
seinen Kragen hoch? Knallte die Tür?
Verkniff die Lippen? Galt ihm
das schwarze Wort mehr als der lichte Augenblick
Hat er am Ende nur für dieses Schwarz gelebt?
Hat er am Ende nur durch dieses Schwarz gelebt?
Nur schwarzes Wort gelebt? Hat ihn das Schwarz gelebt?

Hatte er Kinder? Eine Frau? Hund Vogel Katze?   Hatte
sein Haus ein Dach? Ein Ende?   Glücklich   so
wie im Bilderbuch so wenn der böse Wicht stirbt und wir
leben weiter   Man sagt man habe ihn gefunden
lächelnd   Lächelnd zuletzt   wie einer der zuletzt lacht
Eitelkeit Staub und Asche   auf einer leeren Seite.

.

Keine Zeit für Elegien

Endlich emanzipiert

Als du fortgingst
war ich froh
endlich allein zu sein.

Ich trank mein Bier
nur noch in Kneipen
mit Frauen die
froh waren
endlich allein zu sein.

Manchmal wenn einer wie du sich
zu uns an den Tisch setzt
legt ihm eine von uns
ihr Haar um den Kopf
wirft ihm eine von uns
ihr Herz an die Brust
zieht für ihn sich eine
die Haut vom Leib.

Jedesmal nimmt er lächelnd
alles zahlt jeder ein Bier
und geht fort.

Kneipenschreipen

Wir sitzen in den Kneipen rum
und träum'n von roten Rosen
und allem möglichen Gereim von
Zen bis Tote Hosen.

Die Bierbüchs knallt im Wester
wald sinkts Rehlein in die Knie
und auf drei Silben Eduard
fällt rein die Annemie.

Und wer ist schuld daran? Das
Bier das aus der Büchse schießt?
Dass aus des Rehleins Loch das Blut
beim Mädchen Unschuld fließt.

Das Bier die Büchs das Reh der Wald
wir sitzen in den Kneipen
und wenn wir nicht gestorben sind
– Ja was dann –
so wolln wir weiterschreipen.

Fortschritt

Langsam bewahre ich mir
ruhiges Blut. Friede
auf Erden in jeder
Manns Armen.
Vorm Fenster verliert
der Baum sein Laub.
Erhöbe ich mich
allein oder mit einem
von deiner Sorte
ich sähe wir sähen
das Dach
vom Bunker aus
dem letzten Krieg.

Die Sbahn rollt

Die Sbahn rollt
Der Kaffee schmeckt
Die Arbeit lockt
Dito dein Kuss
Du kannst
Suchen Verwerfen
Probieren Verzweifeln
und wieder von vorn.
Keine Zeit für Elegien
Kriege Hunger und
andere Katastrophen
weit weg
ertränkt im Medienfluss

Wie sonst könnten wir
Tag für Tag
auf kein Wunder warten

Endlich

Endlich besoffen und ehrlich
und immer noch 'n Sonett
Reißt mir den Himmel auf
legt mir die Welt ins Bett:
Ich hab genug
ich steh mir selbst bis oben
und werd dies Leben nicht
vor seinem Tode loben.
Jaja ich weiß ihr habt mir keinen Grund
für dieses Wut- und Wehgeschrei gegeben
Mir geht es gut ich halt ja schon den Mund
nur eine Frage sei noch zugegeben
Seid ihr ganz sicher dass ihr lebt und
heißt Nichttotsein schon Leben?

Mal ehrlich

Endlich ausgenüchtert? Mal ehrlich:
Die Landkarte auf deiner Haut
wohin führt' sie dich? Rund um
die Augen die Falten so vertraut
wie am Daumen der Daumennagel
den du wie deine Hoffnung feilst
bis sich der Schleifstein abnützt
und du nicht länger verweilst
in den ausgelebten Runen
deiner Existenz. Dich den
Schrunden Narben Blessuren
endlich überlässt bis in
deiner Stimme der Wind
stirbt   zuletzt.

Entspannt

Meine Schwester ist die mit den
schrundigen Fersen in klaffenden Schuhn
dem Wintermantel im Sommer nachts
auf der Bank im Park tagsüber
am Brunnen vor dem Tore vom Warenhaus.
Plastiktüten ein Koffer hängen in ihren Händen
mitunter tritt sie nach einem streunenden Hund.

Die entdeckt mich nicht
die erschreckt mich nicht

die sieht mich nicht
die kriegt mich nicht

Seht wie ich schaukeln kann
sanft in mir selbst hin und her.

Spaziergang

Zieh die Schuh an lieber Vetter
wollen wir spazieren gehn
Straßen lesen Köpfe deuten
Zeit vergeuden einmal mehr

Augenblick mein lieber Vetter
wolln wir Pampelmusen kaufen
in der Menge bei den Waren
liegen sie gehäuft und gelb

Und dann gehn wir ein paar Schritte
weiter gradeaus Herr Vetter
zu den ruinierten Leuten
hinterm Park am Bahnhofsrand

Gebn wir ihnen Pampelmusen
fein mit Lächeln überpudert
kannst sie ihnen sogar schälen
und dann gehn wir wieder heim.

Lied von den sauberen Händen

Ich habe saubere Hände
sie griffen nirgends ein
die weiße Weste blieb mir
eingemottet rein

Ich kehre den Mördern den Rücken
und seh ihre Opfer nicht
ich schließe die Augen erblicke
die Welt im rosigen Licht

am Verdienstkreuz hängen
die Balken gezimmert aus Heldentod
ich öffne die Augen und sehe
meine Hände rot.

An eisigen Tagen

An eisigen Tagen wie diesem
                      wenn nur der Schnee
die fahlen Stunden aufhellt
und in fernen Ländern
Menschen Menschen
fangen foltern erschießen
tropfen mir
am warmen Schreibtisch
honigduftend und inniglich
lauter humanitäre Wohl
gereimtheiten rein ins Gedicht
die ganz allerliebst
die vakante Nische
unseres Gewissens schmücken.

Nach Jahr und Tag

Ein Waggon fährt vorbei
Er hat Kohle geladen

Männer links Frauen rechts
Zu den Kabinen im Freibad

Schuhe liegen auf einem Haufen
Im Sommerschlussverkauf

Haare werden geschnitten
Zu einer neuen Frisur

Menschen gehen ins Bad
Zum Baden

Ein Feuer brennt
Es wärmt

Rauch steigt auf
Eine Kerze verlischt

Nie

Wir haben den Opfern
Kränze gewunden aus
dunklen Bildern und Adjektiven
Sie in Statistiken verwandelt
und Litaneien in Romane Filme
Museen Denkmäler Comics
Gedichte wie dieses

Vergebens die Suche
nach einem Wort
das sich einen Reim macht
von Leben
auf Mord

Sie bleiben

Schön gemacht sagt der Tourist
auf gepflegt gepflastertem Steinweg
Schön gemacht schweift sein Blick
in die ruhigen Wellen des Parks
Nur ein paar dezente Tafeln
weisen auf ihre Saat in den Beeten:
Fünftausend Juden schön gemacht
zehntausend Juden Zigeuner
zwanzigtausend und noch
einmal fünf einmal zehn
Schöngemacht hingemacht sauber
und so akkurat. Erika heißt
das Blümelein auf diesen Leibern
blüht es üppig wie nirgends
im dürren Heidegrund sonst.
Immer der Nase nach führt der Rundweg
zwischen den Hügeln zum Ausgang
Die Erinnerung an die Erinnerung
eckt nirgends an. Der Tourist
packt die Kamera weg
Hier ist kein Motiv das sich lohnt.
Nur von weitem sticht der Obelisk
als Schornstein ins Auge.
Die Toten längst Staub geworden.
Der bleibt.

27. Januar

Wir gedenken Euer
         im Wohlklang
der Verse Paul Celans Nelly Sachs' Gertrud Kolmars
Else Lasker-Schülers Selma Meerbaum-Eisingers
Der Musik Jascha Nemtsovs Louis Lewandowskis
Franz Schrekers Ignace Strasfogels Moritz Deutschs
Hat die Suche nach Schönheit
hat die Suche nach Wahrheit
das Grauen besiegt?
Uns die Wörter entgiftet
Uns die Kehlen gelüftet
für neue bessere Lieder
miteinander zu singen?

Für

Diese alten Männer
mit den billigen Gebissen
die zischen und Speichel verlieren
wenn sie KZ sagen und Sachsenhausen
denen der Unterarm wegzuckt
wenn das Hemd die Nummer freilegt
die ein Stahlkorsett tragen
nachts schreien im Schlaf.

Für

diese alten Frauen
die vom Schminken nichts wissen
wollen und nichts von der wilden Ehe
die eben noch Kuchenrezepte erklärten
und jetzt erzählen von
Dunkelhaft Einzelhaft Schlägen Tritten Abort
die ihre Tage verloren
immer frieren
viel Wärme brauchen.

Für

All die geschundenen Körper zerrissenen Seelen
Gesichter ohne NAMEN ohne Gesicht

Für
die schwatte Hamburger Deern
Mit zwölf große Ferien in Kenia
bei Verwandten auf dem Land
Ach all die schönen Versprechen
von einer Sekunde zur anderen
vom Schreckensmesser verwandelt
in Schrei und Schmerz den
klaffenden Mund das brüllende
Blutloch zwischen den Beinen
Im Blechnapf der Abfall
Kinderschamlippen Mädchenklitoris
Der Beschneiderin Hand mit Nadel
und feinem Faden die blutenden
Lippenränder entlang auf dass
›alles schön glatt‹ wird. Mit
derberem Garn noch viermal sticht
die nadelnde Hand von einer
Seite zur anderen durch
zerrt die Fetzen zusammen
leckt streicht verklebt die Blutnaht
mit Zucker und Honig. Alsdann
steigt die Verwandtschaft von den
gespreizten Beinen des Ferienkindes
herunter die Arme bleiben von harten
Händen genagelt hinter dem Kopf.

Alt ist das Seil aus dem Stall
das die Älteste nun von der Leiste
bis zu den Zehen um die Kinderbeine
zurrt und nicht wieder lockert
ehe Schorf die Wunde verschließt
Tropft der Harn liegt das Mädchen
in seiner brennenden Nässe
Beißendem Schmerz fächelt die
Großmutter Kühlung zu pustet
Altfrauenatem auf den verstümmelten Leib
summt singt ein Lied wie es ihr
schon die Mutter sang.
Mami wo bist du? Wimmert das Mädchen
nach der Mutter in Hamburg

Hört ihr das?
Sechstausend Mal am Tag
Zwei Millionen Mal im Jahr
seit dreitausend Jahren

Hört ihr das?
Gedämpft durch Zeitungspapier
verschwimmen die Verstümmelungen
im Nebel der Druckerschwärze:
Events weit weg

Und ich?
Noch ein paar triviale Heldentaten
Resolutionen Kongresse Appelle
Gutgemeinte Gedichte?
Hoffen mit Schrift erstickt
von Schreien
Tod und Leiden umzudichten
in unseren unzerstörbaren Traum.

Wir

Wir versuchten die Welt zu heben
aus den Angeln jahrtausendelang
sie auf Trab zu bringen. Wir machten
zum Maß aller Dinge: uns. Und wir
sprangen über die Klingen und wir
lachten aus vollem Hals ließen
Formeln und Fakten singen zerstampften
die Erde beim Tanz mit Zahlen und
Figuren vergaßen das Zauberwort
jagten die Zeit mit Uhren
paarten das Leben mit Mord.
Und wir ließen die Welt verenden
ausbluten im Begriff versenkten
mit eigenen Händen Noahs Narrenschiff.

Yesterday
oder Rhythm and Blues

Das Gedicht ist keine
                    Notenpresse für faule
Kredite: Wo kommen die Wörter wo
kommen die Scheine her? Wer setzt die
Dividenden in Bewegung? (Good Lord) Warum
sag mir warum soll sich ein Dichter nun
auch noch um Book-Building-Spannen kümmern? Um die
globalisierte Raserei? Renditen Schwundgeld Laufzeit
Null-Kupon-Anleihen Zero Bonds
Leerkäufe Aktienindices Marktkurssysteme
bringen nicht
allein das Gedicht
aus 'm
Glei   ge
       ch
    wicht
Null Rhythm
nur noch Blues
und usura*
die ewig alte Quelle aller Übel
endloser Fluss Geldfluss
Sieh dort:
die schöne Lau Undine die kleine Meerjungfrau
und die Töchter alle des Nereus und der Doris
– Nicht mehr reiten sie auf der Delphine Rücken –
versinken im Cash-Flow ersticken im Ölschlamm
Ein Märchen? Uralte Zeiten?

Die Loreley macht Bankrott findet keinen Investor
wird zerlegt zersungen verscherbelt. Ihr Neffe
sichert sich ihren Namen als brand plus die
Merchandising-Rechte weltweit im Online-Shop
und für Nostalgiker macht er vor Ort
ein wetterfestes Lorley Remake auf
begehbar animation full 3D mit
Lory Burger Pommes Cola
all inclusive.

Schöne Landschaft

Mitunter tut sich
der Himmel auf
zeigt sein Geheimnis
im Spiegel der Erde
Zeigt uns was
wir noch übrigließen
von der Erde die einmal
sein Ebenbild war.

Endspiel. Oder so

Nach der dreihundertzwei
und vierzigsten Klimakonferenz
taucht Old God aus dem Abgrund
verseuchter Meere
verröchelnd
winkt uns Jesus Goodbye
bevor er sich von den Resten
des Matterhorns stürzt.
Und der Heilige Geist
in Gestalt einer
(Na Sie wissen schon)
dreht eine letzte Runde
auf dem Markusplatz
und macht den Himmel
endgültig dicht.

Oder?
        Jesus braust
empor aus dem Tal
Old God rauscht
aus Luzifers Tiefe
Darüber schwebend besagte Taube
Und dann
ist Auferstehung.

Unterwegs

Dich sollte ich lieben
mein Land
sagst du auf der Reise
die verschlüsselten Städte
die Hügel die Gräber
mit sieben Siegeln
bergauf und
bergab mein Land.

Mein Land ich weiß es
›und sage mit Weinen: es gibt
eine Vergangenheit‹ wie
in Fluten ausbluten
die Berge die Täler weit
oh Höhn!
Am Autobahnkreuz hakt
Vergangenheit ein
kreuzen Leichenzüge die Reise.

Und so bitt ich um Augen
blicke aus deinen
auf dich
sollte ich lieben mein Land
anschaun vertraun
›wie die Natur sich dazu herrlich findet‹
wenn jahrtausendelang du
›Land der Liebe
blöde die eigne Seele leugnest‹.

Liebe wagen

Heimatland sage ich
        schüttle den Kitsch
aus den Buchstaben schüttle die
braune Verbrecherfarbe aus den
schuldlosen Silben und die Müdigkeit
immer aufs neue Geburtshelferin zu sein
für eine (beinah) unbefleckte Empfängnis
Liebe und Leben zugewandt.

Deutschland sage ich
        spüre Blicke
die spotten (töten) wenn ich ein Liebes
licht anzünde in Ebenen und Gebirgen
Die Tonleiter der Begnadigung übe
herzensweh schrill zerreißend die
Totenlaken über der singenden Sonne
die jedes – auch dieses Lied – lehrt.

Heimatland liebes
        Deutschland
drei Wörter die mir
auf der Zunge zittern
nach wirren Verwandlungen wieder
in der Muttersprache zu Haus
leidgebadet liebegetränkt.
Hölderlin feiernd und Alltag zugleich.
Liebe ohne Flaggen und ohne Parolen
aber mit Bergpredigt Kant der
poetischen Mathematik
von: $E = mc^2$

und der praktischen Prosa von Grundgesetz
Recht und Vergebung
Meiner einzigen Fahne verschworen:
dem gestirnten Himmel über mir
in unserem global village.

Gibt es ein Wiederwort?
Dort.

Kleine Schwester

Seltsam zu glauben
        dass du Ich bist
dass du in mir steckst wie
die kleinste und einzig kompakte
russische Puppe. Keine Angst.
Ich schütze dich mit all unseren
Schwestern die dich umwachsen
wie Ringe und Rinde den Sämling
des Baums.

Dir zunächst befreie ich
unsere Schwester das Mädchen
von den Händen im Nacken
lege sie dir auf die Wange. Du
riechst Kettenöl und Tabak
aber du fürchtest dich nicht mehr.
Unserer Mutter öffne ich
den Mund für all die lieben
fröhlichen Worte die sie nie sagte
Sieh wie ihr Auge blitzt
als wäre sie eine von uns
endlich hier im Gedicht.

Trösten alsdann muss ich
die nächste Schwester
Studentin und Liebende. Träumte
von einem sorgsam umsäumten Leben
aber der Tod riss den Liebsten
an sich von ihr.
Deine Tränen längst Silben Schwester
in meinen Versen.

Allein warst du nun
eine junge Frau von entrissener
Liebe versehrt
rastlos verlangend
nach vergleichbarer Glut.
Halt still: ich küsse streichle liebkose
all das Eis trainierter
Münder Hände Körper
von deiner Haut All die Jahre
reproduzierbarer Lust verbrämt
unter schönem Herzensbetrug
dürstend nach Blendung und Illusion
unter klingenden Lügen
ins Sentimentale gekehrt

All die Jahre und Menschen
zu Grunde gegangen
und auferstanden weit oben
wo es licht ist wo Sprache ist
im unverstellten hellen
aufrichtenden Wort
im Gedicht.

Viele Gedichte du weißt es
Schwester hast du geschrieben
dir den Einen zu erschreiben
Nicht der Sprache nur zu vertrauen
vielmehr noch einmal
(und diesmal und jedesmal: für immer)
einem unfasslichen Nacken

einer unerschrockenen Haut einem
Geruch nach Schweiß und Geschlecht
dich anheimzugeben. Dein Herz
wollte nur eines:
nach Haus. Deine Sehnsucht:
Warten auf eine Liebe die
Erlösung brachte Heilung
und Wiedergeburt

Dann stand er vor dir
Stand da und war
ein ganz gewöhnlicher Mann.
Aber was ist das?
Ergreift es dich, Schwester
du weißt es, ist nichts mehr gewöhnlich.
Seine Augen in deinen Augen den Haaren
auf Hüfte und Brust Hals und Fuß
nehmen dich bei der Hand und führen
dich weg von dir
zu dir hin.

Deine Liebe, jüngere Schwester
ist heute seit vielen Jahren
die meine. Ich teile
sie gerne mit dir. (Mit euch Schwestern alle)
Sie ist groß geworden gewachsen
gegen Widerstände und Hinderungen
Und war von Beginn eine Liebe
geborgen in Freundschaft verankert
in Achtung Respekt Eigen

Sinn und Humor
Wir hatten die Nächte aber
die Tage auch.
Umarmung Entfernung.
Nie tat der Tag dem Traum
einen Abbruch.
So waren
so sind wir einander
Geschlecht und Gespräch.

Nun kleine Schwestern
rückt die Älteste ins Bild:
eine alte junge Frau
die Erinnerung hellsichtig macht
und die Gegenwart schwerelos
furchtlos mutwillig kühn.
Ich liebe euch kleine Schwestern
habt keine Angst
die Dichterin hat auf euch acht.
Keine von euch
geht verloren
im Gedicht
gibt es kein Ist-Gewesen
im Gedicht
ist jede Zeit dieselbe

Und du Mädchen mit
dem aufgeschlagenen Knie
Du im Minirock und Afrolook
Du mit dem Megaphon

in der Hand
und dem Buch dem Buch dem Buch
Unvergänglich lebt ihr
in mir und in meinen Zeilen
wie das Paar dessen Teil ich bin
das Paar im Einklang Zweiklang
lächelnden Genügens: ein
stilles leichtes Glück
jenseits von Nichtmehr und Niewieder
Vorbei Dahin Vorüber. So

lange bis der große Puppenspieler
mir die nächste Strophe aufzwingt
Irgendwann eine letzte.
Was wird dann aus dir
kleine Schwesterseele tief drinnen
in mir? Kommst du mit?
Aber wohin? Und: Gibt es
ein Wiederwort?
Dort.

Anmerkungen

Seite

7 Siehe Gedicht: ›Kleine Schwester‹, S. 175–179.

35 Das ♡ ist das erste Symbol, das in das Oxford English Dictionary aufgenommen wurde.

119 Aus: Ulla Hahn: *Unerhörte Nähe*. Stuttgart 1988, S. 93.

134 Die Wörter Rose, Knospe, Wort entstammen der indischen Wurzel v-r-t.

163 usura (lat.) urspr. 1. (zeitlich beschränkter) Gebrauch, Genuss, Frist, Nutzung eines geliehenen Kapitels; 2. Zinsen. Ein von Ezra Pound häufig genutztes Wort zur Kritik am Kapitalismus.

Nachweis
der in früheren Bänden erschienenen Gedichte
(in alphabetischer Reihenfolge)

Anständiges Sonett, aus: *Herz über Kopf.* Stuttgart 1981,
    S. 19.

Ars poetica, aus: *Herz über Kopf.* S. 78.

Aufgewachsen, aus: *Freudenfeuer.* Stuttgart 1985, S. 88.

Ballade von S., aus: *Unerhörte Nähe.* Stuttgart 1988,
    S. 74f.

Bildlich gesprochen, aus: *Herz über Kopf.* S. 48.

Blinde Flecken, aus: *Herz über Kopf.* S. 45.

Das wär ein Leben, aus: *Herz über Kopf.* S. 5.

Der Himmel, aus: *Herz über Kopf.* S. 12.

Der Vater, aus: *Herz über Kopf.* S. 62.

Dressurakt, aus: *Herz über Kopf.* S. 82.

Durchs Dorf, aus: *Unerhörte Nähe.* S. 71.

Endlich, aus: *Spielende.* Stuttgart 1983, S. 52.

Endlich emanzipiert, aus: *Herz über Kopf.* S. 40.

Entspannt, aus: *Spielende.* S. 64.

Fast, aus: *Unerhörte Nähe.* S. 15.

Fest auf der Alster, aus: *Unerhörte Nähe.* S. 80f.

Fortschritt, aus: *Freudenfeuer.* S. 78.

Frauen, aus: *Freudenfeuer.* S. 85.

Für, aus: *Spielende.* S. 82.

Gertrud Kolmar, aus: *Spielende.* S. 84.

Gibt es eine weibliche Ästhetik, aus: *Herz über Kopf.* S. 26.

Hallo Ja, aus: *Herz über Kopf.* S. 22.

Heller Wahnsinn, aus: *Spielende.* S. 45.

Hühnerbrühe, aus: *Spielende.* S. 54.

Im Märzen, aus: *Herz über Kopf.* S. 36.

Im Rahmen, aus: *Herz über Kopf.* S. 6.

Keine Tochter, aus: *Spielende.* S. 61.

Kinderspiel, aus: *Epikurs Garten.* München 1995, S. 23.

Krankgeschrieben, aus: *Herz über Kopf.* S. 54.

Kurz vor Schluss, aus: *Freudenfeuer.* S. 73.

Liebe Kolleginnen und Kollegen, aus: *Herz über Kopf.* S. 77.

Lied. Mäßig bewegt., aus: *Herz über Kopf.* S. 42.

Lied von den sauberen Händen, aus: *Spielende.* S. 92.

Mein Vater, aus: *Liebesgedichte.* München 1993, S. 6–8.

Meine Damen und Herren, aus: *Unerhörte Nähe.* S. 64.

Meine Wörter, aus: *Herz über Kopf.* S. 80.

Nach Jahr und Tag, aus: *Spielende.* S. 83.

Noch, aus: *Herz über Kopf.* S. 53.

Oper, aus: *Spielende.* S. 27.

Salomes Lied, aus: *Herz über Kopf.* S. 50.

Schlaflied, aus: *Herz über Kopf.* S. 38.

Schöne Landschaft, aus: *Freudenfeuer.* S. 71.

Schöne Lüge, aus: *Herz über Kopf.* S. 32.

Schreiben, aus: *Unerhörte Nähe.* S. 61.

Sie bleiben, aus: *Unerhörte Nähe.* S. 77.

So, aus: *Herz über Kopf.* S. 25.

Spürest du, aus: *Unerhörte Nähe.* S. 72.

Unterwegs, aus: *Herz über Kopf.* S. 64.

Verdächtig, aus: *Freudenfeuer.* S. 80.

Vergeigt, aus: *Freudenfeuer.* S. 79.

Wartende, aus: *Spielende.* S. 49.

Was bewirkt ein Gedicht?, aus: *Unerhörte Nähe.* S. 95.

Was bleibt, aus: *Spielende.* S. 22.

Wenn Dann, aus: *Herz über Kopf.* S. 35.

Wetterlage, aus: *Freudenfeuer.* S. 31.

Wildnis, aus: *Spielende*. S. 51.

Winterlied, aus: *Herz über Kopf*. S. 27.

Wir, aus: *Spielende*. S. 80.

Wir taten uns nichts zuleide, aus: *Spielende*. S. 26.

Wort halten, aus: *Freudenfeuer*. S. 82.

Worte, aus: *Freudenfeuer*. S. 89.

Zum Tanz, aus: *Spielende*. S. 36.

Zusage, aus: *Freudenfeuer*. S. 21.

Inhalt

7 Luftwege

Liebe ist ein Lied mit Strophen

10 Blinde Flecken
11 Blaue Flecken

12 Wartende
13 Wartend-ende

14 Wir taten uns nichts zuleide
15 Los und gelassen

16 Zusage
17 Endlosschleife

20 Fast
21 Nicht nur

22 Anständiges Sonett
23 Ein ständiges Sonett

24 Salomes Lied
25 Evas Lied

26 Winterlied
27 Auf Auf

28 Schöne Lüge
29 Fakten

30 Hallo Ja
31 Danke

32 Was bleibt
33 Von weitem

34 Im Märzen
35 Komm lieber M.

36 Schlaflied
37 Wachlied

38 Heller Wahnsinn
39 Den Maistern-Meistern

42 Oper
43 Schwanengesang in der Johannisnacht

44 Wetterlage
45 Der Sommer singt

46 Krankgeschrieben
47 Gesundgehalten

48 Bildlich gesprochen
49 Wörtlich genommen

50 So
51 Ssss oooo

52 Das wär ein Leben
53 Dornenlos

54 Gibt es eine weibliche Ästhetik
55 Gibt es eine männliche Ästhetik

56 Der Himmel
57 Himmelsnest

58 Wenn Dann
59 Liebe

60 Lied. Mäßig bewegt.
61 Mögliches Lied

Drei Fingerspitzen Sand
im Stundenglas

64 Zum Tanz
65 Wiederwort

66 Noch
67 Widerruf

68 Frauen
69 Bildnis einer Frau zwischen vierzig und fünfzig

70 Hühnerbrühe
71 Reibekuchen

72 Im Rahmen
73 Rieseln

74 Spürest du
75 Spinnen

76 Kurz vor Schluss
77 Lilien

78 Fest auf der Alster

79 Über die Alster

    Aufgewachsen

    I

80 Aufgewachsen

81 Kiesel am Rhein

    II

82 Durchs Dorf

83 Legenden

    III

84 Keine Tochter

85 Nachruf

    IV

86 Der Vater

87 Geboren

    V

88 Kinderspiel

89 Staub

    VI

90 Wort halten

91 Karfreitag

    VII

92 Mein Vater

93 Mein Gott

Eitelkeit Staub und Asche
auf einer leeren Seite

102 Meine Wörter
103 Von den Wörtern

108 Was bewirkt ein Gedicht?
109 Dichterlesung

114 Meine Damen und Herren
115 Lebenshilfe

116 Worte
117 In den hohen Bibliotheken

118 Ballade von S.
119 Ballade von Sisyphos' Stein

122 Vergeigt
123 Evergreen

124 Dressurakt
125 He du

126 Ars poetica
127 Einfach auslöffeln

128 Schreiben
129 Alltag im Gedicht

130 Wildnis
131 Übernahme

132 Liebe Kolleginnen und Kollegen
133 Alte Freundin

134 Verdächtig
135 Stille Musik

136 Gertrud Kolmar
137 Elegie auf einen Dichter

Keine Zeit für Elegien

144 Endlich emanzipiert
145 Kneipenschreipen

146 Fortschritt
147 Die Sbahn rollt

148 Endlich
149 Mal ehrlich

150 Entspannt
151 Spaziergang

152 Lied von den sauberen Händen
153 An eisigen Tagen

154 Nach Jahr und Tag
155 Nie

156 Sie bleiben
157 27. Januar

158 Für
159 Für

162 Wir
163 Yesterday oder Rhythm and Blues

166 Schöne Landschaft

167 Endspiel. Oder so

168 Unterwegs

169 Liebe wagen

Gibt es ein Wiederwort?
Dort.

175 Kleine Schwester

181 Anmerkungen

182 Textnachweis

1. Auflage
Copyright © 2011 by Deutsche Verlags-Anstalt, München,
in der Verlagsgruppe Random House GmbH
Alle Rechte vorbehalten
Gestaltung und Satz: DVA/Brigitte Müller
Gesetzt aus der Berling
Druck und Bindung: Friedrich Pustet KG, Regensburg
Printed in Germany
ISBN 978-3-421-04524-9

www.dva.de